Contents

刺繍&雑貨制作
荒木聖子　http://hush26.co.jp/shoko_araki/
étoffer.i　http://www.etofferi.com/
かわむらまりこ
くぼでらようこ　http://www.dekobo.com/
こだいらまさこ　http://embroidery-m.com/
tappi　http://tappiemiko.wixsite.com/tappi

材料協力
DMC
　Tel.03-5296-7831
　https://www.dmc.com/（グローバルサイト）
fabric bird
　Tel.087-870-3066
　https://www.rakuten.ne.jp/gold/fabricbird/

ブックデザイン　　糟谷一穂
撮影　　　　　　　masaco
スタイリング　　　鈴木亜希子
イラスト　　　　　わたいしおり
校正　　　　　　　ぷれす
編集　　　　　　　株式会社スリーシーズン

SNOOPY in SPRING
春の暮らしとスヌーピー

Greeting cards
グリーティングカード
4／54, 90

Mother's day
母の日
6／57

Father's day
父の日
7／57

School life
学校生活
8／58, 94

Easter
イースター
10／60

Shoes
くつ
11／61

Fitness time
運動の時間
12／62

SNOOPY in SUMMER
夏の暮らしとスヌーピー

Cap
キャップ
14／64

Wedding welcome board
結婚式のウェルカムボード
16／65, 94

Spike & Joe Cactus
スパイクとジョー・カクタス
17／66

Beach bag
ビーチ・バッグ
18／67

Summer days
夏の日々
19／68

Blanket
ブランケット
20／69, 90

SNOOPY in FALL
秋の暮らしとスヌーピー

Tea cozy & Coaster
ティーコゼ＆コースター
22／71, 91, 95

Cushion
クッション
24／74

Halloween
ハロウィン
25／75, 94

Lunch cloth
お弁当包み
26／76

Lunch time
お昼の時間
27／77

SNOOPY in WINTER
冬の暮らしとスヌーピー

Ornament
オーナメント
28／78, 93

Christmas
クリスマス
30／79, 94

Wreath
リース
31／80

Mittens
ミトン
32／76

Winter's joy
冬のお楽しみ
33／81

Valentine's day
バレンタインデー
34／82, 94

Birthday
誕生日
35／83

VINTAGE PEANUTS

The first
第1回
36／84

SNOOPY by age
年代で見るスヌーピー
38／86

Baby gift
出産祝い
40／88

Mini frame
小さな額
42／89

糸と布　44

道具　45

図案を写す／刺繍枠の扱いかた／刺繍糸の準備　46

糸端の始末／刺しはじめの玉結び／刺しおわりの玉留め　47

きほんのステッチ　48

SNOOPYの刺繍をかわいく仕上げるふちどりステッチのコツ／転写シートでいろんな雑貨にラクラク刺繍　52

図案集＆雑貨のつくりかた　53

Greeting cards
グリーティングカード

SNOOPY in SPRING
春の暮らしとスヌーピー

心を込めて刺したスヌーピーの刺繍をカードに仕立てて。
カードは四隅に切り込みを入れただけのシンプルなつくりです。
étoffer.i、tappi、Kodaira Masako
page.54-56, 90

Mother's day
母の日

お花を手にしたウッドストックとスヌーピーという
母の日の定番シーンをエプロンにワンポイント刺繍。
→ tappi
page.57

Father's day
父の日

世界的に有名な弁護士に変装した
スヌーピーは、ハットと蝶ネクタイが
とってもおしゃれ！
1色の刺繍でシックにまとめて。
✏ tappi
page.57

School life
学校生活

仲よしのペパーミント パティとマーシーは、
学校でも前後の席に座ります。
Kodaira Masako
page.58, 94

スクールバスを待つリラン、
教室のシュローダーとチャーリー・ブラウン、
通学グッズの刺繍にぴったりのモチーフです。
／ Kodaira Masako
page.59

Easter
イースター

欧米の春のお祭りイースター。ペイントしたイースター・エッグの上で踊るスヌーピーがキュート！
Kodaira Masako
page.60

Shoes
くつ

監督兼ピッチャーのチャーリー・ブラウンと
スヌーピーをコットンのスリッポンに
あしらいました。
→ étoffer.i
page.61

Fitness time
運動の時間

『PEANUTS』にたくさん登場するスポーツ。
ルーシーの意地悪で転倒するチャーリー・
ブラウンは特におなじみのシーンです。
かわいい衣装や小ものにも注目！

tappi
page.62-63

Cap
キャップ

SNOOPY in SUMMER
夏の暮らしとスヌーピー

Tシャツに合わせたい
オリジナルキャップ。
サーフボードからこちらを覗く
スヌーピーがとってもキュート！
étoffer.i
page.64

Wedding welcome board
結婚式のウェルカムボード

ビーグル・スカウトのメンバー
ビルとハリエットが恋に落ちて
その場で結婚！
すてきな結婚式の様子を
ボードにしました。
étoffer.i
page.65, 94

Spike & Joe Cactus
スパイクとジョー・カクタス

荒野で孤独に暮らす
スヌーピーの兄・スパイク。
大切なパートナーはサボテンの
ジョー・カクタスです。
🖋 tappi
page.66

Beach bag

ビーチ・バッグ

犬小屋の屋根に寝そべるみたいに
ビーチボールに仰向けになって
海をプカプカ漂うスヌーピーです。
Kodaira Masako
page. 67

Summer days
夏の日々

水遊びをしたり
キャンプに行ったり
楽しいことがいっぱいの夏です。
étoffer.i
page.68

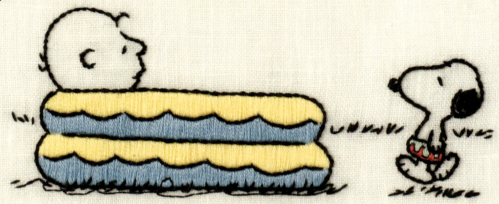

Blanket

ブランケット

スヌーピーがリーダーを務める
ビーグル・スカウトの面々を
大きなブランケットに散らしました。
ブランケットのつくりかたも紹介しています。

✒ Kubodera Yoko
page.69-70, 90-91

ふちどり線は少し太めの8番刺繍糸を使い、
サテン・ステッチで刺繍しています。
根気よくていねいに刺しましょう。

Tea cozy & Coaster
ティーコゼ＆コースター

SNOOPY in FALL
秋の暮らしとスヌーピー

『PEANUTS』の仲間たちと楽しいティータイム。
大きめの図案だからざっくり刺してもかわいく仕上がります。
ティーコゼとコースターのつくりかたも紹介しています。
↙ Kubodera Yoko
page 71-73, 91-93, 95

Cushion
クッション

ふだんはつれないスヌーピーも
たまにはチャーリー・ブラウンに
抱きついちゃう。
いつも一緒のふたりです。
Kodaira Masako
page.74

Halloween

ハロウィン

ハロウィンの夜にかぼちゃ畑で
かぼちゃ大王を待つライナス。
「大王の存在を信じて疑わないライナス」は
『PEANUTS』の定番エピソードです。

étoffer.i
page.75, 94

Lunch cloth

お弁当包み

お弁当を包んだときに
ペパーミント パティが
かわいく見える角度で刺すのが
ポイントです。
tappi
page.76

Lunch time

お昼の時間

ごはんの時間が遅れるととたんに不機嫌になる、
くいしん坊のスヌーピー。
チョコチップクッキーも大好きです。

tappi
page. 77

SNOOPY in WINTER
冬の暮らしとスヌーピー

Ornament
オーナメント

わたを詰めて、
ふわふわのオーナメントに
仕立てました。
ひもの代わりに
キーリングを通せば
キーホルダーに変身！
　Kubodera Yoko
page.78, 93-94

Christmas
クリスマス

ルーシーから大好きなシュローダーへ
ピアノ越しのメリー・クリスマス！
Araki Shoko
page.79, 94

Wreath

リース

リースの部分はフェルトを使った
アップリケ。広めの面をうめる
アイデアです。
◢ Kodaira Masako
page. 80

Mittens
ミトン

「ごはんだよ!」と呼ばれたスヌーピー
えさ入れのそりで急ぎます。
tappi
page.76

Winter's joy

冬のお楽しみ

凍った池ではスケートを雪の上ではスキーやそりを
仲間たちの楽しい時間は寒い冬も変わりません。
étoffer.i　page.81

Valentine's day
バレンタインデー

キャンプで出会った
チャーリー・ブラウンの恋のお相手
ペギー・ジーンとの印象的な一場面。
tappi
page. 82, 94

Birthday
誕生日

ベートーベンの誕生日を
祝ってもらい上機嫌の
シュローダー。
誕生日祝いにぴったりの刺繍です。
↗ Kodaira Masako
page. 83

The first

第1回

スヌーピーが初登場する1950年10月4日掲載のコミックをそのまま刺繍！
パネルにして飾るのもすてきです。
✍ Araki Shoko　page.84-85

SNOOPY by age
年代で見るスヌーピー

70's

ヴィンテージのスヌーピーは
4足歩行のかわいい子犬から
2足歩行の個性豊かな犬へ。
年代ごとにさまざまな表情を見せる
スヌーピーを刺繍してみましょう！
☛ Kodaira Masako
page.86–87

Baby gift
出産祝い

かわいいベイビーリランを
市販のスタイにあしらって
オリジナルの一品に。
✒ Araki Shoko
page.88

女の子のお祝いには、
おませでかわいい
サリーのワンポイント刺繍はいかが。
Araki Shoko
page.88

Mini frame
小さな額

お気に入りのヴィンテージ絵柄を
1色の糸で刺して飾りましょう。
写真立てに入れれば
贈りものにもぴったりです。
☛ Kawamura Mariko
page.89

糸と布

25番刺繍糸

刺繍でもっともよく使われる25番刺繍糸。この糸は1束約8mで、6本の綿製の糸をより合わせて1本にしており、ステッチに合わせて必要な本数を引き出して使います。本書ではフランスの糸メーカー・DMCの25番刺繍糸を使用しています。各図案に書き添えてある、2〜4ケタの数字はDMCの糸の色番号です。

糸の本数と使用する針の目安	
25番刺繍糸	フランス刺繍針
5・6本どり	3・4番
3・4本どり	5・6番
1・2本どり	7〜10番

＊クロバーの針を使用。3番から10番に向かって細くなる

布

針と糸が通るものならば、どんな布や市販の布小ものにも刺繍することができます。刺繍しやすく、初心者にもおすすめなのは、リネンやコットンなどの平織りの布。図案や用途に合わせて好みのものを選びましょう。図案を写す前に、布の裏からアイロンをあてて、布目を整えます。

道具

ⓐ チャコペーパー
図案を写すときに使います。
チャコが片面で、水で消えるタイプがおすすめ。

ⓑ トレーシングペーパー
図案を写すときに使う薄い紙。図案は鉛筆で写します。

ⓒ セロファン紙
図案を写すときにトレーシングペーパーが破れないように重ねます。

ⓓ 刺繍枠
布を張って刺しやすくするための枠。
ワンポイント程度なら直径10cm前後が◎。

ⓔ フランス刺繍針
針穴が大きく、先のとがったフランス刺繍針。
糸の本数によって、針を使いわけます(44ページ参照)。

ⓕ 糸切りばさみ
先の細いものが使いやすいでしょう。

ⓖ 糸通し
針に糸を通すのに使います。特に糸の本数が多いときにあると便利。

ⓗ トレーサー
チャコペーパーをはさみ、トレーシングペーパーの上から図案をなぞって写すときに使います。

ⓘ 目打ち
刺し直しをしたいとき、目をほどくのにあると便利な道具です。

ⓙ 裁ちばさみ
布を切るときに使います。必ず布専用のはさみを用意しましょう。

図案を写す

刺しはじめる前に、布の表に図案を原寸大で写しましょう。

1 原寸大の図案の上にトレーシングペーパーを重ねて、鉛筆でなぞる。

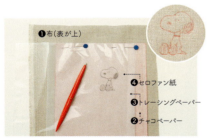

2 番号の順に重ねて図案が動かないよう留めたら、トレーサーでなぞる。

刺繍枠の扱いかた

布を張るための枠。手におさまる、直径10cm前後のものがおすすめ。

1 刺繍枠の内枠をはずし、その上に表を上にして布を置く。その際、図案を中央にする。

2 外枠をはめ、ねじを締める。

刺繍糸の準備

6本によられた刺繍糸から、必要な本数分細い糸を引き、そろえて使います。

1 ラベルをはずさないようにしながら、束から50cm程度引き出して切る。

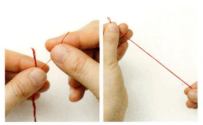

2 より合わさった糸から1本ずつ引き出し、必要本数の糸端をそろえてまとめる。

糸端の始末

線状のステッチの場合、結び玉はつくらず、布の表にひびかないよう、裏側の針目に糸端をくぐらせる方法が一般的です。

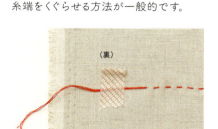

1 刺しはじめの糸端は10cmほど残し、テープで留めておく。

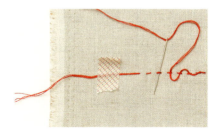

2 刺しおわったら布の裏の針目をすくい、糸端をくぐらせてカットする。はじめの糸端も針を通してから同様に始末する。

刺しはじめの玉結び

雑貨などに仕立てる場合、結び玉で糸端の処理をするのが安心です。

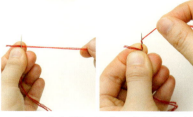

1 針に糸を通しておき、人さし指のはらに糸端、針先の順に重ねたら、糸を針に2回巻く。

2 巻きつけた糸を指ではさみ、針を引き抜く。結び玉の先の糸端はカットする。

刺しおわりの玉留め

刺しおわりの位置の布の裏側で、結び玉をつくる方法です。

1 布の裏の糸が出ている位置に針を置き、布から浮かさずに糸を針に2回巻く。

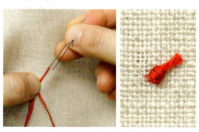

2 巻いた糸と布を指で押さえながら、針を引き抜いたら、余分な糸端をカットする。

きほんのステッチ

ストレート・ステッチ

線を描くステッチ。ステッチの長さや向きなどでさまざまな模様になります。

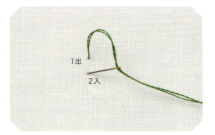

バック・ステッチ

ミシンで縫ったように、同じ長さの針目をつなげたステッチ。本返し縫いと同じ。

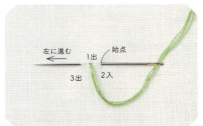

巻きつけバック・ステッチ

バック・ステッチの針目に別の糸を巻きつけます。　＊巻きつけアウトライン・ステッチは同様にアウトライン・ステッチに巻きつけます。

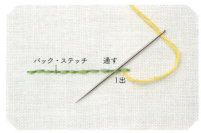

ひと目ずつ上から下に通して、バック・ステッチに巻きつける

アウトライン・ステッチ

カーブや直線などさまざまな線や面に。おもに図案のふちどり線を描いています。

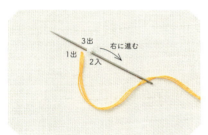

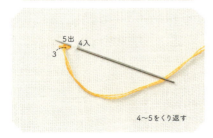

チェーン・ステッチ

鎖状の目をつなげて線にするステッチです。面をうめることもできます。

レイジーデイジー・ステッチ

だ円を描くステッチ。並べて花や葉を表現するのによく使います。

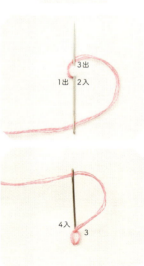

フライ・ステッチ

Y字に刺すステッチ。中央の針目の長さを変えることでV字にも見えます。

中央のひと針の長さで印象が変わる

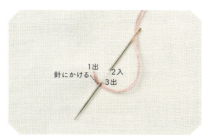

フレンチノット・ステッチ

結び目をつくるステッチ。糸の本数や針に糸を巻く回数で大きさを変えます。

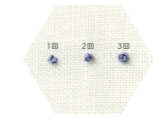

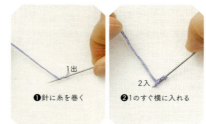

❶針に糸を巻く　❷1のすぐ横に入れる

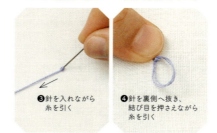

❸針を入れながら糸を引く　❹針を裏側へ抜き、結び目を押さえながら糸を引く

サテン・ステッチ

ストレート・ステッチを平行に刺し、面をうめるステッチ。端からはじめても◯。

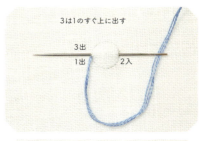

3は1のすぐ上に出す

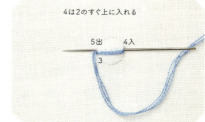

4は2のすぐ上に入れる

4〜5をくり返し糸を平行にわたす

(裏)
針目をくぐらせ中央に戻る

下半分も同様にくり返す

1出　3出　2入

ロング&ショート・ステッチ

ストレート・ステッチをくり返し、面をうめます。1段めは長・短交互に刺して。

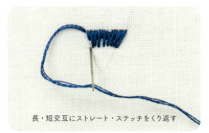

長・短交互にストレート・ステッチをくり返す

上段のすき間をうめるように一定の針目で刺す

たてまつり縫い

アップリケのふち縫いに使います。縫い目を細かくするとしっかりつきます。

1 アップリケ布の表に針を出し、すぐ上の布を少しすくう

2 アップリケ布の裏から1の針を出す

1〜2をくり返す

SNOOPYの刺繍を かわいく仕上げる ふちどりステッチのコツ

シュルツさんの描く『PEANUTS』独特のラインは、刺繍のステッチでも表現することができます。ステッチの特徴を理解して使いわけてみましょう。

＼ふちどりステッチ1／
アウトライン・ステッチ

糸の本数が同じでも、刺しかたで太さが変えられるステッチです。ひと針進んだら半針戻るのがきほんで、太くする場合は針目を重ねながら、斜めに刺します。

きほん

太

＼ふちどりステッチ2／
バック・ステッチ

針目を重ねないので、アウトライン・ステッチよりもより細い線を表現したいときにぴったりです。

細

＼ふちどりステッチ3／
サテン・ステッチ

面をうめるのによく使うステッチです。より太い線を表現したいときにも。糸をわたす幅で線の太さが自由に変えられます。

太

転写シートで いろんな雑貨にラクラク刺繍

ぼうしなどの立体的なもの、手袋などの編みもの等、図案が写しにくい雑貨には、シール状の転写シートを使うのがおすすめです。

1 図案に転写シートをのせて、ペンなどで図案を写す。

2 刺繍したい位置に1の接着面をのせて、貼りつける。
刺繍枠にはめられない雑貨は、利き手と反対の指で布をはさんで、刺す部分をピンと張るようにする。

3 布とシートを一緒にすくいながら刺繍する。すべて刺せたら、水につけてシートを溶かす。自然乾燥する。

図案の見かた

サテンS(2) — 使用する刺繍糸の本数。これは「2本どり」の意味

ステッチ名 — サテンS(2)

726 — DMC25番刺繍糸の色番号

\ Point /
図案と写真を確認しながら刺し進める

各ページにステッチや糸に関する共通指定があります
* ふちどり線などの黒—310
* 太いふちどり線はアウトラインS(1)、細いふちどり線はバックS(1)で刺す

図案集 & 雑貨のつくりかた

・図案内の「S」はステッチの略、( )内の数字は糸の本数を表しています
・図案内の2～4ケタの数字は、DMC25番刺繍糸の色番号です

Greeting cards　グリーティングカード
page.4-5

*すべて−04
*指定以外はサテンS（2）で刺す
*すべて2本どり

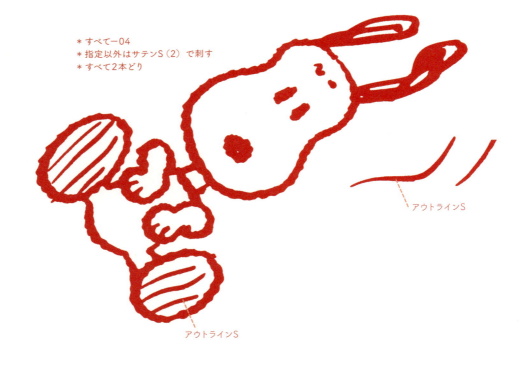

アウトラインS

アウトラインS

Mother's day　母の日

page.6

* ふちどり線などの黒―310
* 太いふちどり線はアウトラインS(1)、
  細いふちどり線はバックS(1)で刺す

Father's day　父の日

page.7

* すべて―310
* 指定以外アウトラインS（2）で刺す
* すべて2本どり

＊Sはステッチの略、（ ）内の数字は糸の本数、色番号はDMC25番刺繍糸

School life　学校生活

page.8

* ふちどり線などの黒—310
* 太いふちどり線はアウトラインS(2)、細いふちどり線はバックS(2)で刺す
* 指定以外は2本どり

Easter　イースター

page.10

* ふちどり線などの黒—310
* 指定以外の太いふちどり線はアウトラインS(1)、細いふちどり線はバックS(1)で刺す
* たまごの中は指定以外サテンS(3)で刺す

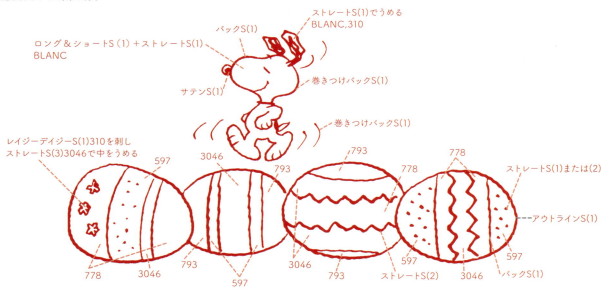

Shoes　くつ

page.11

* ふちどり線などの黒―310
* 指定以外の体の線はアウトラインS(2)、
  小もの類の線はバックS(2)で刺す
* すべて2本どり

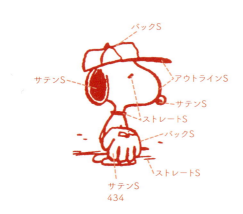

*Sはステッチの略、（ ）内の数字は糸の本数、色番号はDMC25番刺繍糸

Fitness time 運動の時間

page.12-13

* ふちどり線などの黒—310
* 指定以外の太い線はアウトラインS(2)、細い線はバックS(2)で刺す
* 指定以外2本どり

* ふちどり線は1本どり

Cap キャップ

page.14-15

* ふちどり線などの黒—310
* 指定以外の太い線はバックS(3)、細い線はバックS(2)で刺す
* 指定以外は2本どり

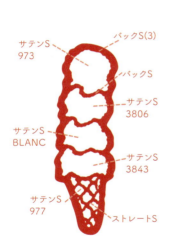

Wedding welcome board 結婚式のウェルカムボード

page.16

* すべて—3817
* 指定以外の太いふちどり線は
  アウトラインS(4)、
  細いふちどり線はアウトラインS(3)、
  小もの類はバックS(2)で刺す

*Sはステッチの略、( )内の数字は糸の本数、色番号はDMC25番刺繍糸

Spike & Joe Cactus スパイクとジョー・カクタス

page.17

* ふちどり線などの黒—310
* 太い線はアウトラインS(2)、細い線はバックS(2)で刺す
* すべて2本どり

Beach bag　ビーチ・バッグ

page.18

＊ふちどり線などの黒─310
＊指定以外の太い線はアウトラインS(2)、
　細い線はアウトラインS(1)で刺す

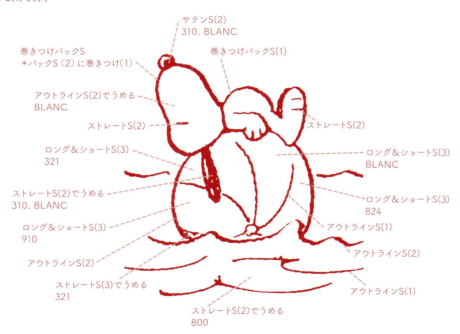

サテンS(2)
310、BLANC

巻きつけバックS
＊バックS（2）に巻きつけ（1）

巻きつけバックS(1)

アウトラインS(2)でうめる
BLANC

ストレートS(2)

ストレートS(2)

ロング＆ショートS(3)
321

ロング＆ショートS(3)
BLANC

ストレートS(2)でうめる
310、BLANC

ロング＆ショートS(3)
824

ロング＆ショートS(3)
910

アウトラインS(1)

アウトラインS(2)

アウトラインS(2)

ストレートS(3)でうめる
321

アウトラインS(1)

ストレートS(2)でうめる
800

＊Sはステッチの略、（ ）内の数字は糸の本数、色番号はDMC25番刺繍糸

Summer days 夏の日々

page.19
* ふちどり線などの黒—310
* 指定以外のふちどり線はアウトラインS(2)で刺す
* 指定以外は2本どり

Blanket　ブランケット

page.20-21

* ふちどり線などの黒—DMCコットンパール8番310
* ふちどり線はサテンS(1)で刺す

250%に拡大

ロング&ショートS(4)
701

サテンS(4)
701

サテンS(1)

ロング&ショートS(1)

ロング&ショートS(4)
435

サテンS(4)
517

サテンS(1)

*Sはステッチの略、( )内の数字は糸の本数、色番号はDMC25番刺繍糸

page.20-21

* ふちどり線などの黒—DMCコットンパール8番310
* ふちどり線はサテンS(1)で刺す

250%に拡大

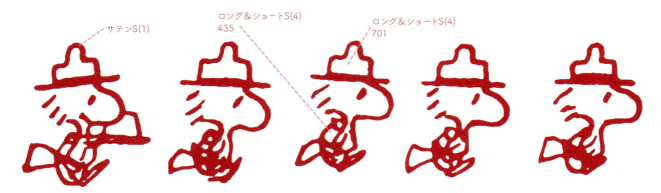

サテンS(1)
ロング&ショートS(4) 435
ロング&ショートS(4) 701

Tea cozy & Coaster ティーコゼ&コースター

ティーコゼ
page.22

＊すべて―310
＊指定以外はアウトラインS（6）で刺す
＊指定以外は6本どり

＊Sはステッチの略、（ ）内の数字は糸の本数、色番号はDMC25番刺繍糸

コースター
page.23

＊すべて—310
＊指定以外はアウトラインS（6）で刺す
＊指定以外は6本どり

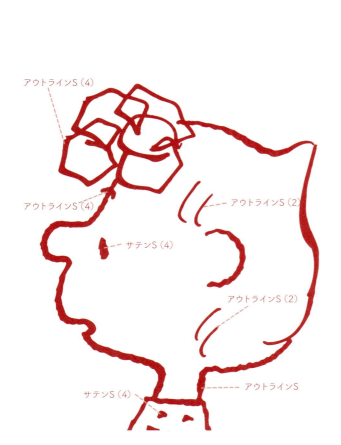

*Sはステッチの略、（ ）内の数字は糸の本数、色番号はDMC25番刺繡糸

Cushion　クッション

page.24

* すべて—3799
* ふちどり線はサテンS(3)で刺す
* すべて3本どり

300%に拡大

サテンS
ロング＆ショートS
サテンS
サテンS
ロング＆ショートS
ロング＆ショートS

Halloween ハロウィン

page.25

* ふちどり線などの白—ECRU
* 指定以外の太いふちどり線はアウトラインS(4)、細いふちどり線はアウトラインS(2)で刺す

*Sはステッチの略、( )内の数字は糸の本数、色番号はDMC25番刺繍糸

Lunch cloth　お弁当包み

page.26

* ふちどり線などの黒—310
* 指定以外の太い線はアウトラインS（2）、細い線はバックS（2）で刺す
* すべて2本どり

Mittens　ミトン

page.32

* ふちどり線などの黒—310
* 指定以外の線はバックS（1）で刺す

Ornament オーナメント

page.28-29

* ふちどり線などの黒—310
* 指定以外の太いふちどり線はアウトラインS(3)、細い線はバックS(2)で刺す
* 指定以外は3本どり

サテンS
307

ロング＆ショートS
307

フレンチノットS
2回巻き

バックS(2)

アウトラインS

サテンS
3770

ロング＆ショートS
3770

ロング＆ショートS
3806

フレンチノットS(2)
2回巻き

バックS(2)

サテンS
712

サテンS
3770

サテンS
3806

ストレートSでうめる
817

サテンS
712

ストレートS

アウトラインS

ストレートSでうめる

ストレートSでうめる
817

ロング＆ショートS
712

サテンS
712

サテンS
712

ストレートSでうめる

ロング＆ショートS
3770

サテンS
905

ストレートS(1)

フレンチノットS
2回巻き

アウトラインS

サテンS
3770

バックS(2)

サテンS
435

ストレートSでうめる

ロング＆ショートS
517

ロング＆ショートS
666

78 図案集

Christmas クリスマス

page.30

* 指定以外—3820
* 指定以外はサテンS(3)で刺す
* 指定以外は3本どり

＊Sはステッチの略、（ ）内の数字は糸の本数、色番号はDMC25番刺繍糸

Wreath リース

page.31
＊ふちどり線などの黒—310

Point
アップリケのフェルトは裏面に
両面接着芯を貼ってから形に切るのがコツ。
切ったら指定の位置に貼り
たてまつり縫いで縫いつけ、
その上からふちどり線をステッチします。

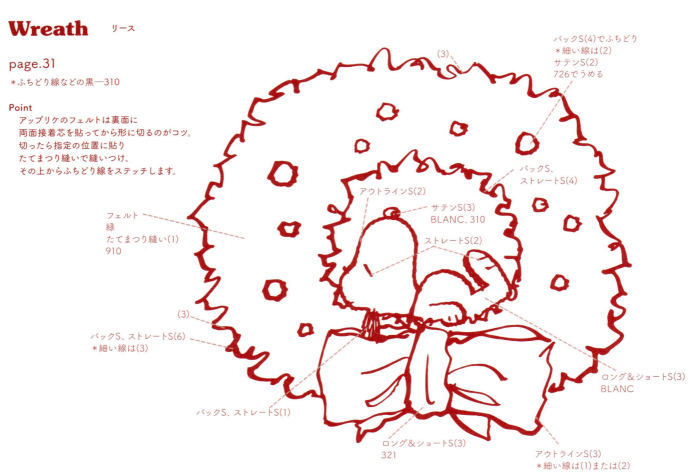

バックS(4)でふちどり
＊細い線は(2)
サテンS(2)
726でうめる

(3)

バックS、
ストレートS(4)

アウトラインS(2)

サテンS(3)
BLANC、310

ストレートS(2)

フェルト
緑
たてまつり縫い(1)
910

(3)

バックS、ストレートS(6)
＊細い線は(3)

バックS、ストレートS(1)

ロング＆ショートS(3)
321

ロング＆ショートS(3)
BLANC

アウトラインS(3)
＊細い線は(1)または(2)

Winter's joy 冬のお楽しみ

page.33

Valentine's day バレンタインデー

page.34

* すべて—09
* 指定以外の太い線はアウトラインS（2）、細い線はバックS（2）で刺す
* 指定以外は2本どり

Birthday 誕生日

page.35

* ふちどり線などの黒—310
* 指定以外の太い線は
  アウトラインS(2)、
  細い線はバックS(2)で刺す
* 指定以外は2本どり

*Sはステッチの略、( )内の数字は糸の本数、色番号はDMC25番刺繍糸

The first 第1回

page.36-37

* ふちどり線などの黒―310
* 指定以外の線はアウトラインS(2)で刺す
* 指定以外は2本どり

118%に拡大

SNOOPY by age 年代で見るスヌーピー

page.38-39

* ふちどり線などの黒―310
* 指定以外の太い線はアウトラインS（2）、細い線はバックS（2）で刺す
* 指定以外は2本どり

アウトラインS
サテンS
ロング＆ショートS
アウトラインS
アウトラインS
サテンS
ストレートS
ストレートS

ロング＆ショートS
726
ストレートS
ストレートS

アウトラインS
バックS
サテンS
ロング＆ショートS
バックS
アウトラインS

Baby gift 出産祝い

page.40-41

* ふちどり線などの黒—310
* 指定以外の太いふちどり線はアウトラインS（2）、
  細く短い線はストレートS（2）で刺す
* 指定以外は2本どり

Mini frame 小さな額

page.42-43

* 指定以外の太いふちどり線はアウトラインS(2)、
  細い線はバックS(1)で刺す
* 指定以外は2本どり

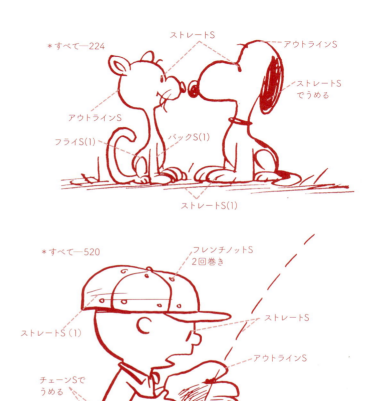

*Sはステッチの略、( )内の数字は糸の本数、色番号はDMC25番刺繡糸

Greeting cards
page.4-5

［仕上がりサイズ］
27×18.2cm

［材料］
布：好みのリネン　15×15cm
紙　27×18.2cm

［つくりかた］

1 布の表に、図案（p.54-56）を写して刺繍をしたら、10.5×14.5cmに布を裁つ。布端の織り糸を4辺とも2〜3mm分抜いて、ほつれないようにする。

2 紙を二つ折りにし、片面に**1**の布をのせて四隅に印をつけたら、四隅にそれぞれまるく切り込みを入れる。

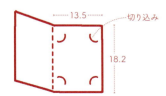

3 **1**の四隅を**2**の切り込みに差し込む。

Blanket
page.20-21

［仕上がりサイズ］
140×98cm

［材料］
表布：コットンウールリネン（ベージュ）145×100cm
裏布：コットンリネン（シルバーグレー）145×100cm
ボン天（白）　適量

［裁ちかた図］

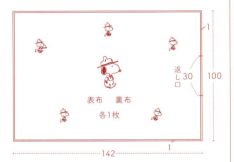

［つくりかた］

1 裁ちかた図の通りに布を裁ち、表布の表に図案（p.69-70）を写して刺繍をする。

2 表布と裏布を中表に合わせ、返し口を残して4辺を縫い合わせる。縫い代の角をカットする。

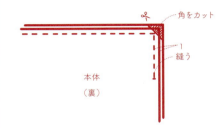

3 返し口から表に返し、返し口を縫いとじる。周囲に1周押さえミシンをかける。

90　雑貨のつくりかた

4 本体の表側にボン天をバランスよく縫いつける。その際、ミシン糸を2本どりにし裏布も一緒にすくうようにすると、しっかりつく。

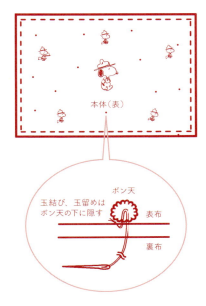

Tea cozy
page.22

［仕上がりサイズ］
33×25.5cm

［材料］
本体布：リネン（ピンク）　20×30cm
本体布：リネン（ブルー）　20×30cm
本体布：リネン（マスタード）　20×30cm
本体布＋内布：リネン（生成り）　95×30cm
接着キルト芯　80×30cm
毛糸（ベージュ）　適量
毛糸（ネイビー）　適量

［型紙］
本体布左右2枚ずつ計4枚（各色1枚）
接着キルト芯左右2枚ずつ計4枚
内布2枚
→p.95参照

［つくりかた］

1 本体布2枚（ピンク、マスタード）の表に図案(p.71)、裏に型紙(p.95)を写して刺繍をしたら、周囲に1cmの縫い代をつけて裁つ。残りの本体布2枚（ブルー、生成り）、内布（生成り）2枚も同様にして裁つ。

2 本体布4枚の裏に接着キルト芯を貼る。

3 本体布を左右1枚ずつ中表に合わせて縫う。縫い代の所定の位置に切り込みを入れたら開いて、縫い代を割り、押さえミシンをかける。残りの本体布2枚も同様にする。

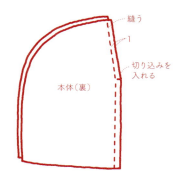

4 3の本体布2枚を2中表にして、縫い合わせたら、縫い代を割る。

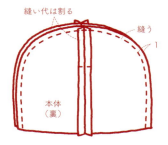

5 内布を中表に二つ折りにし、ダーツ部分を縫い、左側に倒す。もう1枚の内布も同様にしたら、2枚を中表に合わせて、縫い合わせる。その際返し口は残し、縫い代は割っておく。

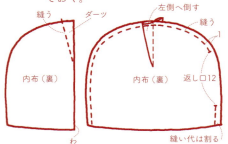

6 本体布と内布を中表に合わせ、口をぐるりと縫う。

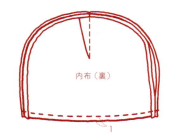

7 返し口から表に返し、返し口を縫いとじる。口にぐるりと1周押さえミシンをかける。ポンポンを毛糸（ベージュ40回巻きと、左右にネイビー各20回巻き）でつくり、本体の上部中央にミシン糸2本どりにして縫いつける。

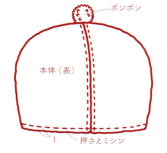

［ポンポンのつくりかた］
厚紙に毛糸を80回ほど巻きつける（毛糸が細い場合は、回数を増やすとよい）。毛糸を厚紙からはずし、中央を残りの毛糸（30cmほど）できつく結んだら、両端の毛先をカットし、形を整える。

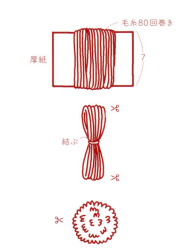

Coaster
page.23

[仕上がりサイズ]
10×10cm

[材料] *1枚分
表布＋裏布：リネン（好みの色）　15×30cm

[裁ちかた図]

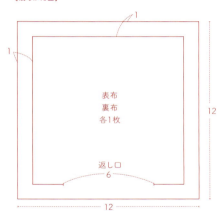

[つくりかた]

1. 表布の表に、図案（p.72-73）を写して刺繍をしたら、裁ちかた図の通りに布を裁つ。

2. 表布と裏布を中表に合わせて、返し口を残して周囲を縫う。四隅の縫い代をカットする。

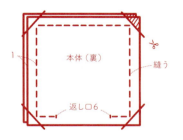

3. 返し口から表に返し、返し口を縫いとじる。

Ornament
page.28-29

[仕上がりサイズ]
スヌーピー　7.5×10cm
チャーリー・ブラウン　5.5×12cm
サリー　6×10.5cm

[材料] *1個分
表布＋裏布：リネン（白）　30×15cm
1cm幅チロリアンテープ　5cm
手芸わた　適量
ひも（赤×白）　20cm

[つくりかた]

1. 表布の表に図案（p.78）を写して刺繍をしたら、周囲に2cmくらいを残して形に沿って裁つ。裏布も同じ形に裁つ。

2 表布と裏布を中表に合わせ、上部に二つ折りにしたチロリアンテープを端を上にしてはさんで、返し口を残してぐるりと縫う。縫い代を0.5cmにカットし、カーブの部分の縫い代に切り込みを入れる。

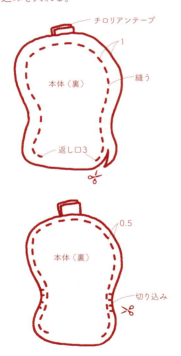

3 返し口から表に返し、手芸わたを詰めてから返し口を縫いとじる。チロリアンテープの輪にひもを通して端を結ぶ。

Panel
page.8, 16, 25, 30, 34

［材料］
刺繍をした布　1枚
（パネルサイズより5cm程度大きい布にすると張りやすい）
木製のパネル枠　1枚

［道具］
画びょう
ガンタッカー

［つくりかた］

1 パネルの上に布を重ね、張る位置を決めたら、動かさないように布とパネルを押さえながら裏返す。画びょうでパネルに布を仮留めする。

2 刺繍位置がずれていないか確認してから、長辺、短辺の順にパネルの裏側をガンタッカーで留める。角で余った布地はたたんで整えてから留めるとよい。余分な布は裁って整える。

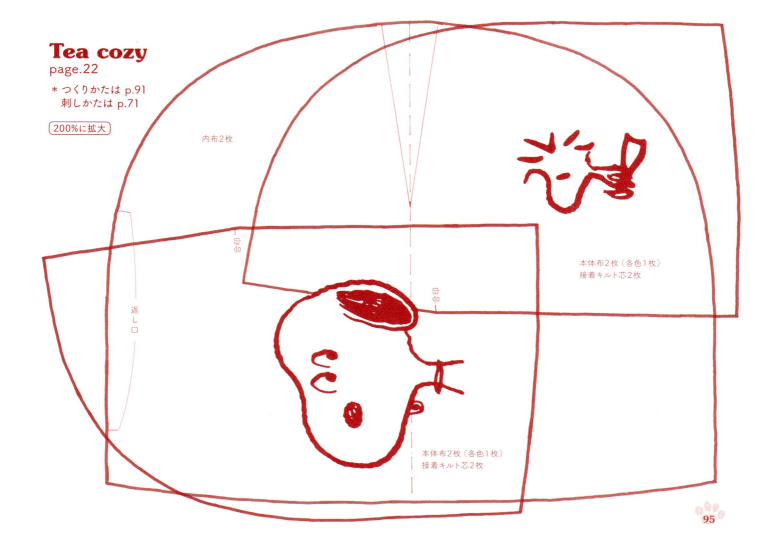

SNOOPYの刺繍　君といつも一緒に

2018年5月31日　初版発行
2024年4月5日　7版発行

著者／チャールズ・M・シュルツ

発行者／山下　直久

発行／株式会社KADOKAWA
〒102-8177　東京都千代田区富士見2-13-3
電話　0570-002-301（ナビダイヤル）

印刷所／大日本印刷株式会社

本書の無断複製（コピー、スキャン、デジタル化等）並びに
無断複製物の譲渡及び配信は、著作権法上での例外を除き禁じられています。
また、本書を代行業者などの第三者に依頼して複製する行為は、
たとえ個人や家庭内での利用であっても一切認められておりません。

●お問い合わせ
https://www.kadokawa.co.jp/（「お問い合わせ」へお進みください）
※内容によっては、お答えできない場合があります。
※サポートは日本国内のみとさせていただきます。
※Japanese text only

定価はカバーに表示してあります。

Peanuts and all related titles, logos and characters are trademarks of Peanuts Worldwide LLC © 2018 Peanuts Worldwide LLC.
ISBN 978-4-04-602315-5　C0077